MEIN AUSVERSEHENES BUCH NUMMER 69

VON GERD STEINKOENIG

"Rust Never Sleeps" (Neil Young 1979, mein Türspruch in meiner Schlaganfall-Klinik 2017)

Bei den Worten von der Zeitchronologie her, ist es ein bisschen durcheinander (zB: oh, Sommer 2024-Collage aus Annweiler ist doch noch da...). Es ist egal, es geht nur um die Zeit... Hauptsache dabei mit Großvater, Eltern, meine 3 besten Frauen aller Zeiten, moi Katzemäädsche Molly als Jungkätzchen, Manson & Devilinchen, 3 coole Autos von mir etc...

Gerd Steinkoenig, 12. August 2024, 16:45h

NUMMER 69...

Aus gegebenen Anlass mach ich doch noch ein Buch!

Mache aber keine Euphorie-Fotobuch...

Im ersten Moment schon, es wäre doch übertrieben.

Ich möchte zum letzten Buch so viel draufhauen-

aber: weniger ist mehr... Vergessene Fotos...

Ich hatte endlich mein last book VERLORENE KUNST!

Dann hatte Mutter eine Bitte über ihre XMasKalenderfotos.

Alles gecheckt und ich dann: da sind noch andere Mappen!

Nochmal vergessene Fotos: seit Jahren hatte ich's...

Ich wusste es bloß nicht, einfach recherchiert, gestöbert.

Ich hab vieles zusammengekürzt, zB das Anstoßen...

Bestätigungen, Erkenntnisse, Erfahrungen aus

meinem ersten Leben...

Durch die Gesichter mit Neuentdeckungen mit Vater

als Jungpolizisen und ich als Kind ca 1965:

das gleiche Gesicht!

Tolle Erinnerungen mit my 3 best Women!

Tolle Erinnerungen mit Eltern, Großvater, Opa/Oma etc.

Bei my 3 best women! Es ist soo lange her!

Vor über 30 Jahren (1x), vor über 40 Jahren (2x)...

Mit Respekt vielen Dank zu diesen ausgewählten Fotos!

Warum ist das soo lange her??

Sinnfragen über meine positive Zukunft!

Ich hab seit meinem Schlaganfall immer Pläne und Ziele!

Durch die über 100 Fotos hatte ich diverse Lifebooaah...

Ich durfte es erleben, ich freue mich über meine Zukunft.

Und einfach lachen von das & das von früher,

und einfach lachen über meine positive Gegenwart & Zukunft!

C P 11. August 2024 Gerd Steinkoenig

Foto: Gerd Steinkoenig, JVA Mannheim aus den 1980ern

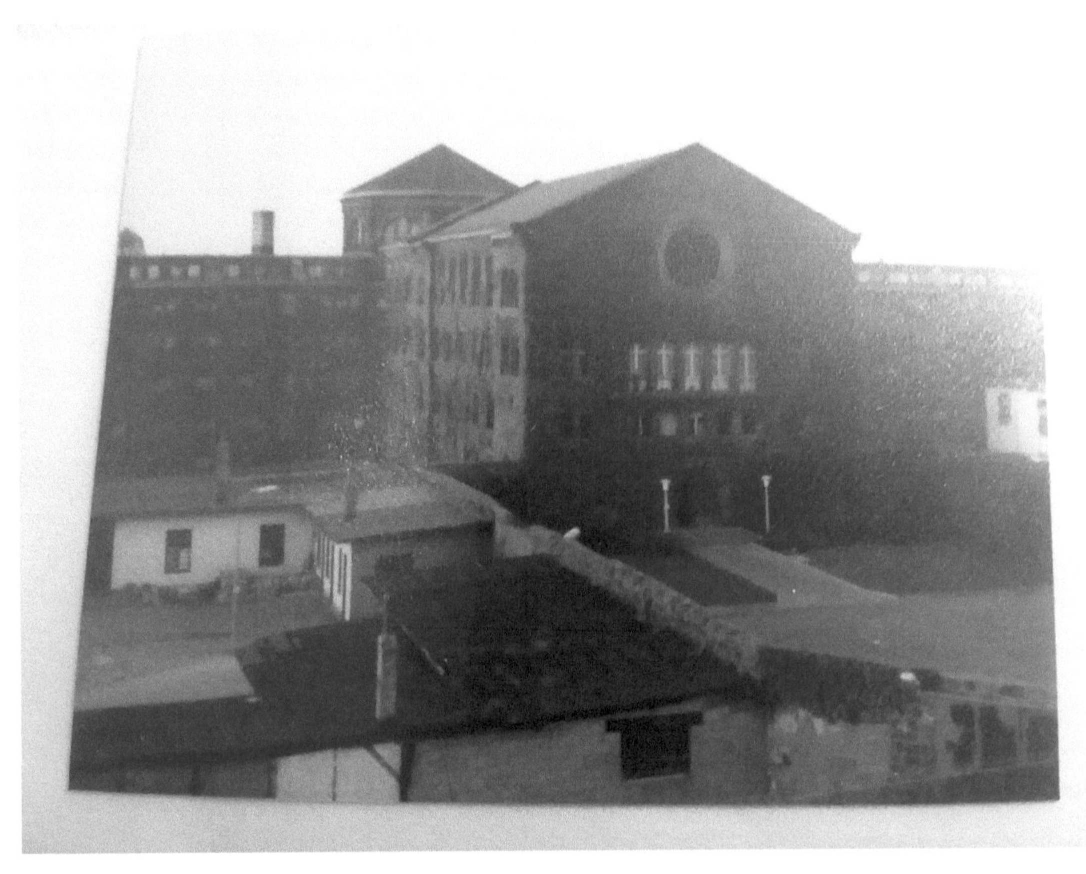

Life Facetten Collage (11. August 2024)

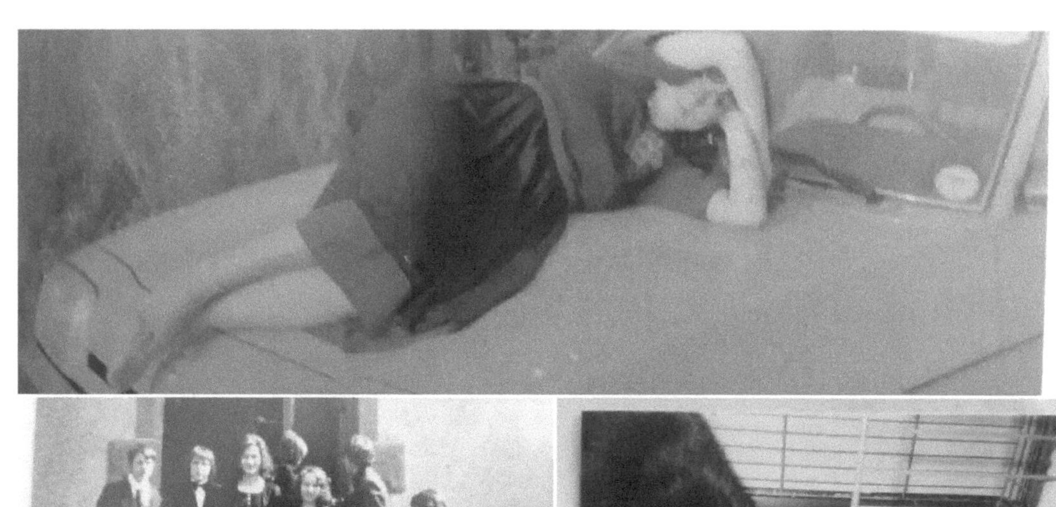

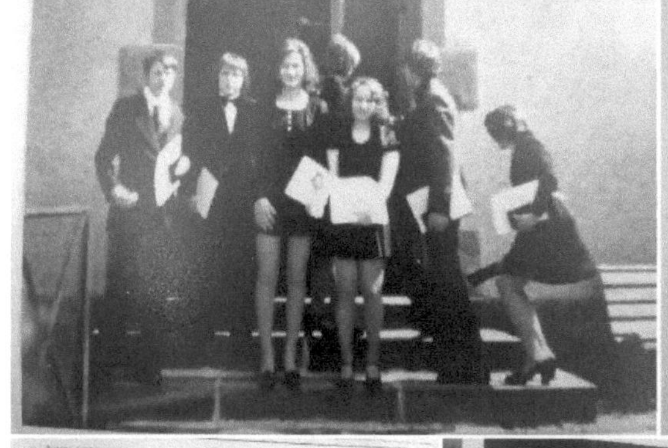

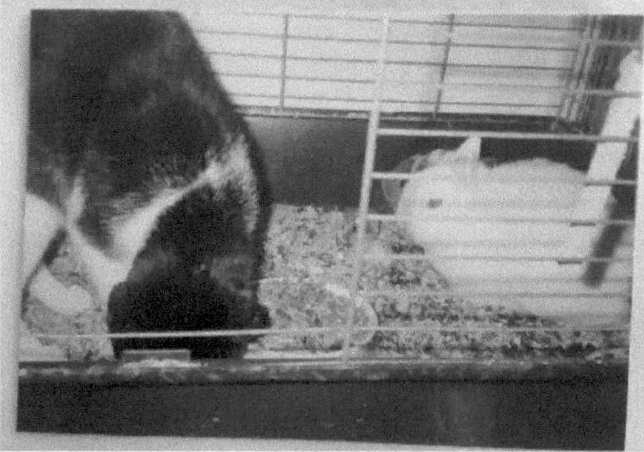

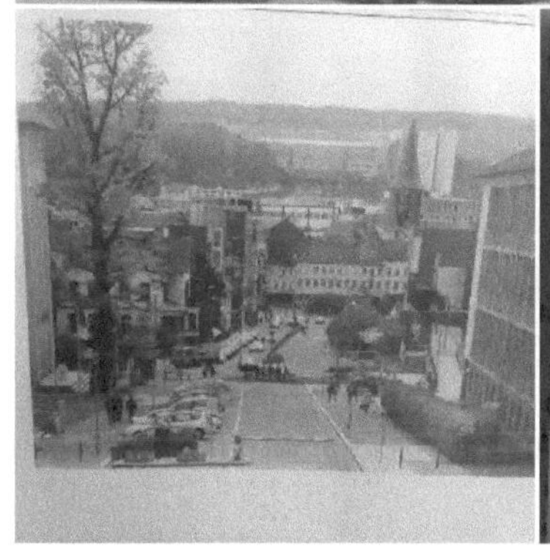

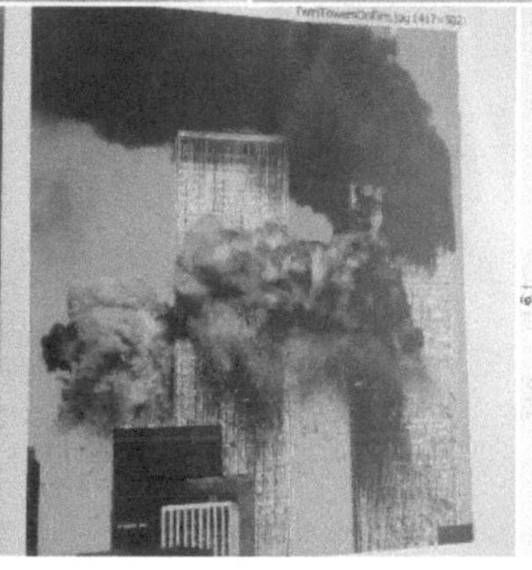

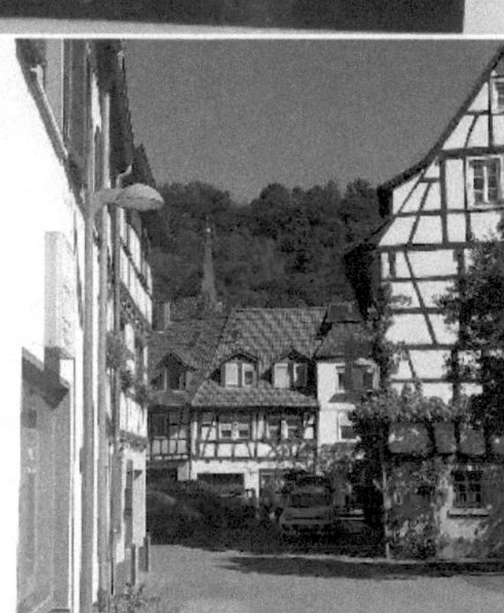

ANFANG DER 1980er / ANFANG DER 2020er

Nur 40 Jahre, trotzdem "ewig", zwei Welten

Anfang der 80er mit Kalter Krieg, NATO-Doppelbeschluss

Umsonst und Draußen Festivals überall in der Pfalz

Die Grünen waren damals langhaarig, cool und grün

Anfang der 80er war Solidarität, Gemeinschaft, Ideal

Anfang der 2020er ist Egoismus, Rücksichtslosigkeit

Die Grünen sind heute scheiße ohne grün

Die NWO will da sein: Trump vs Chinese Democracy?

Was wird aus Germany mit dieser Schwarmdummheit?

Heute ist kommerziell Taylor Swift und Adele

Anfang der 1980er war kommerziell wenigstens

Africa (Toto), Eiszeit (Peter Maffay), Maid Of Orleans (OMD)

C Gerd Steinkoenig 10. August 2024

Foto: ich, Anfang der 80er, sehr wahrscheinlich von ChrHa

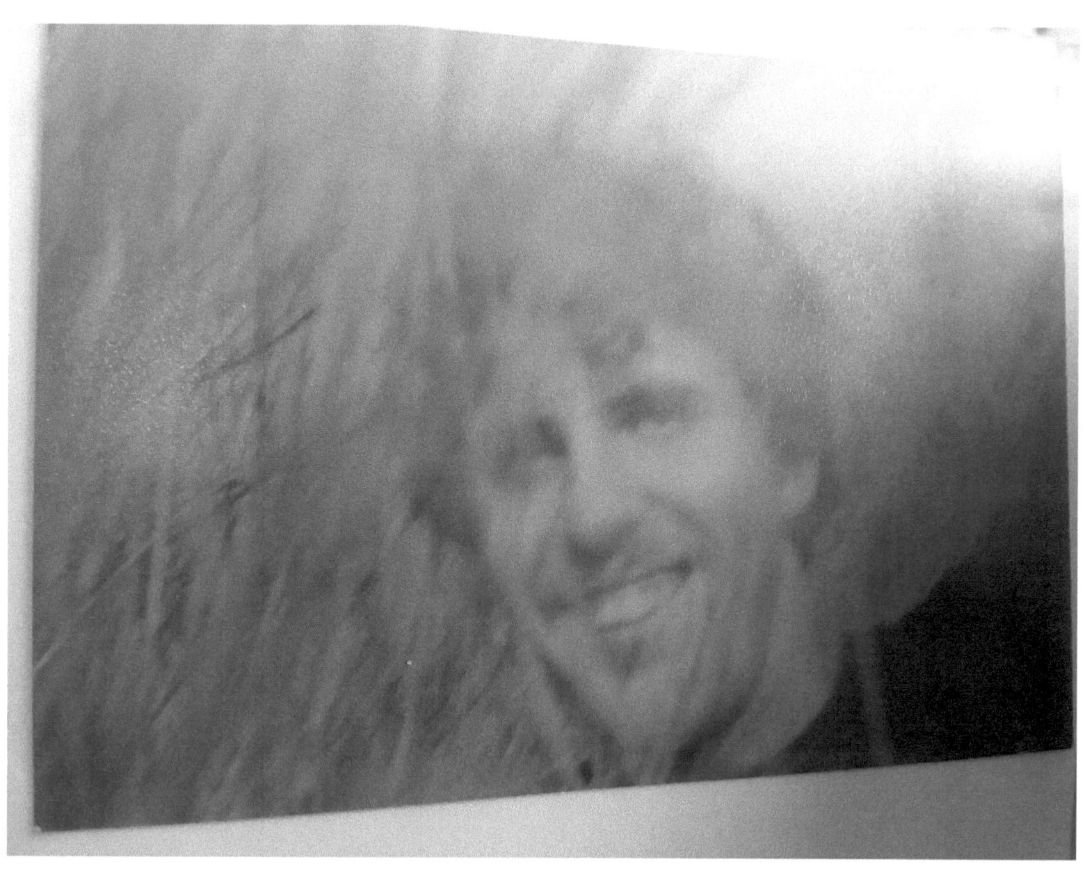

Ich bin fassungslos! Ich hab eine alte Mappe gefunden (ähnlich wie meine
Jahrhundertmappe) mit - mal wieder - vergessenen Fotos! Moi Devilinchen und Manson ist
da (weißes Zwergkaninchen, fettes Meerschweinchen = Ehepaar), mein ganz junges
Katzemäädsche, wkw(!!)-Fotos über KL, Fotos aus Bundeswehr / ChrHa / Ausstellung,

Internet mit last.fm oder Good Old RockMusic etc etc... 2 Menschen sind nicht dabei: zu privat mit viel Respekt... (10. August 2024) Gerd Steinkoenig

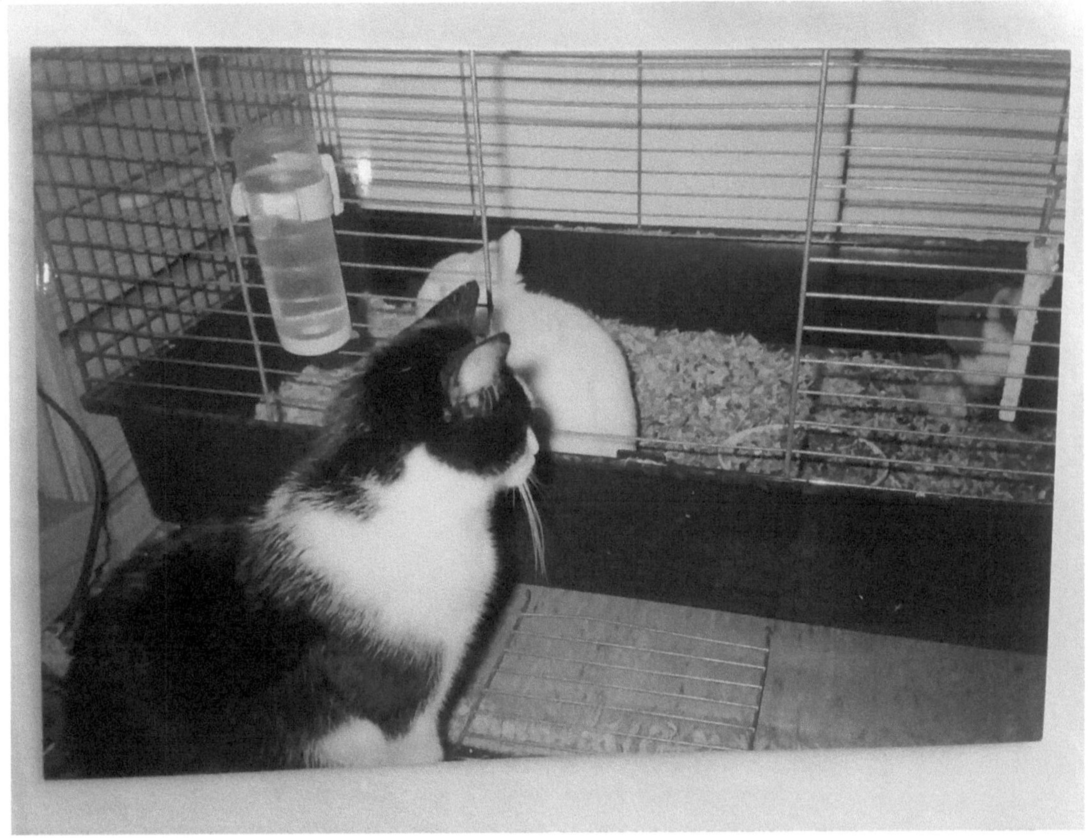

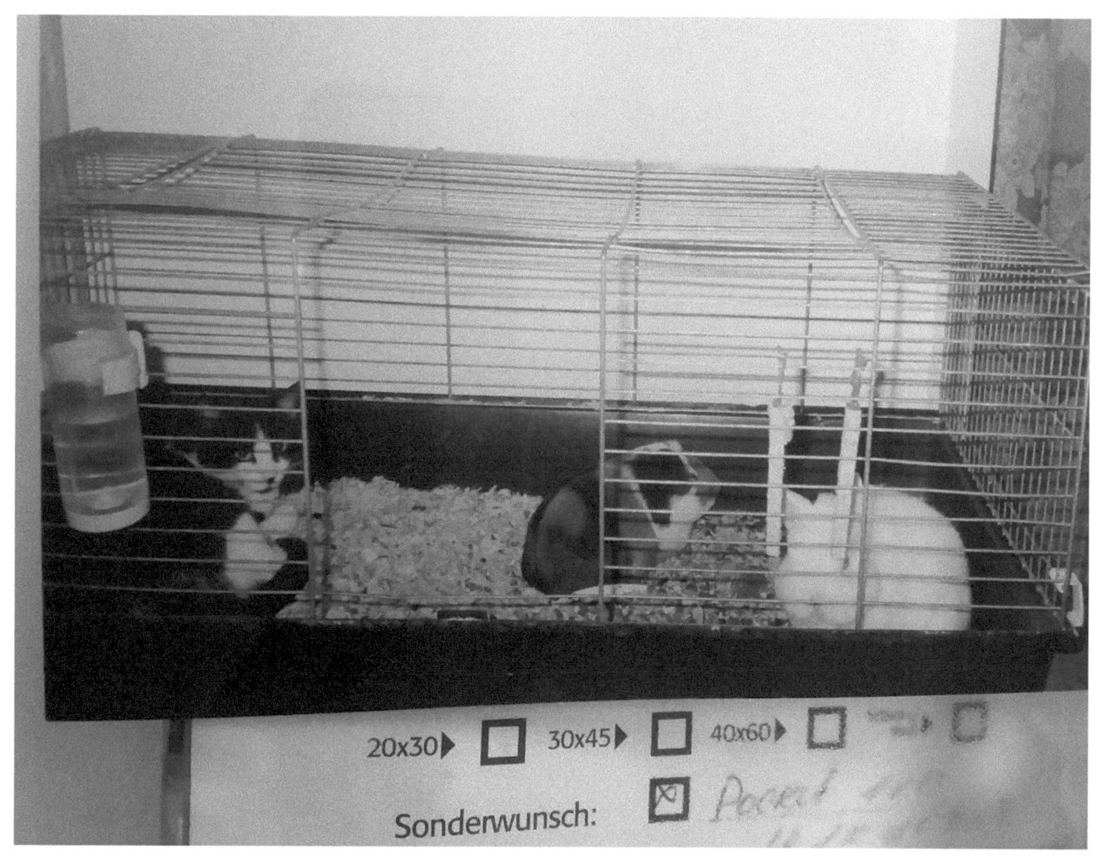

20x30 ▶ ☐   30x45 ▶ ☐   40x60 ▶ ☐   ☐
Sonderwunsch: ☒

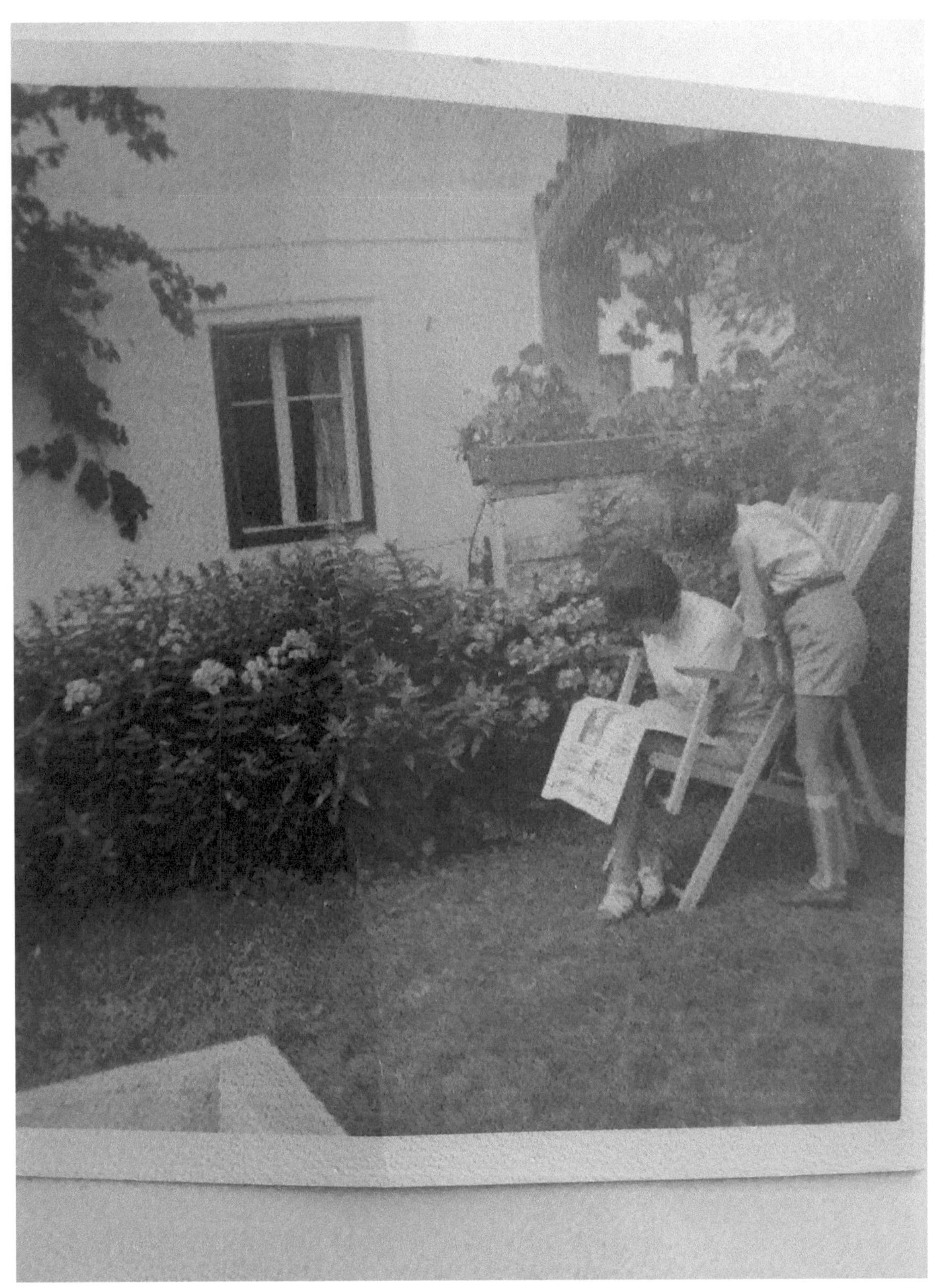

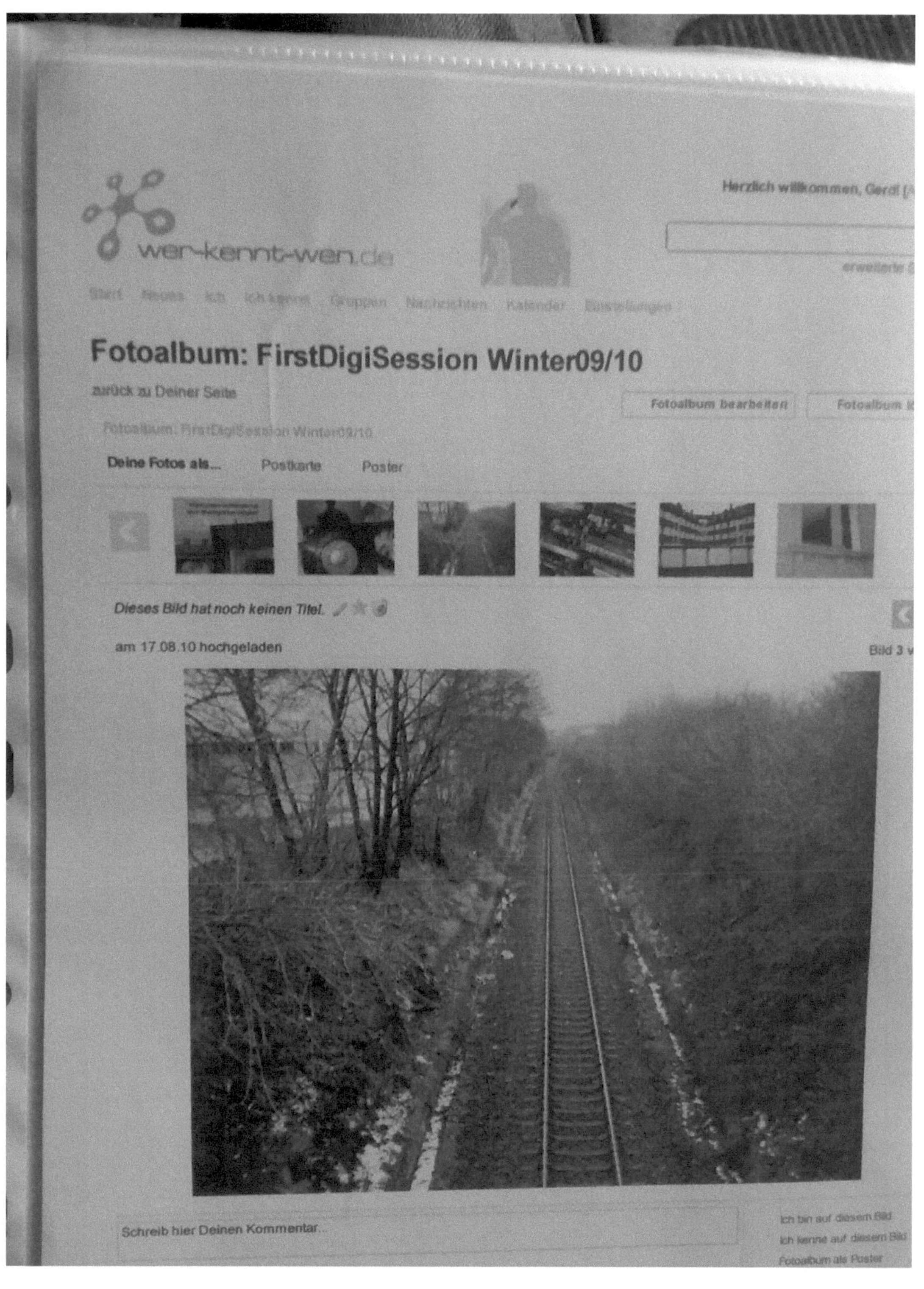

wer-kennt-wen.de
Herzlich willkommen, Gerd!
erweiterte S
Start Neues Ich Ich kenne Gruppen Nachrichten Kalender Einstellungen

Fotoalbum: FirstDigiSession Winter09/10
zurück zu Deiner Seite
Fotoalbum: FirstDigiSession Winter09/10
Fotoalbum bearbeiten
Fotoalbum l
Deine Fotos als...   Postkarte   Poster

Dieses Bild hat noch keinen Titel.
am 17.08.10 hochgeladen
Bild 3 v

Schreib hier Deinen Kommentar...
Ich bin auf diesem Bild
Ich kenne auf diesem Bild
Fotoalbum als Poster

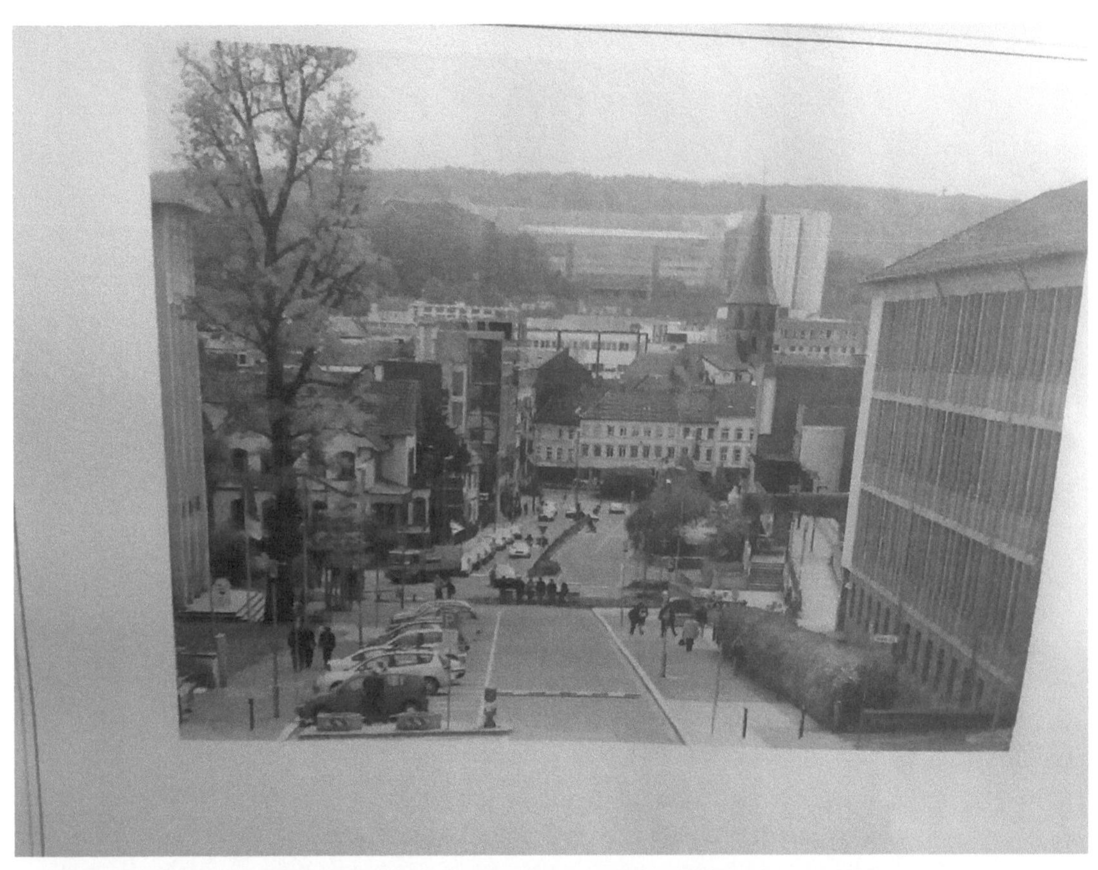

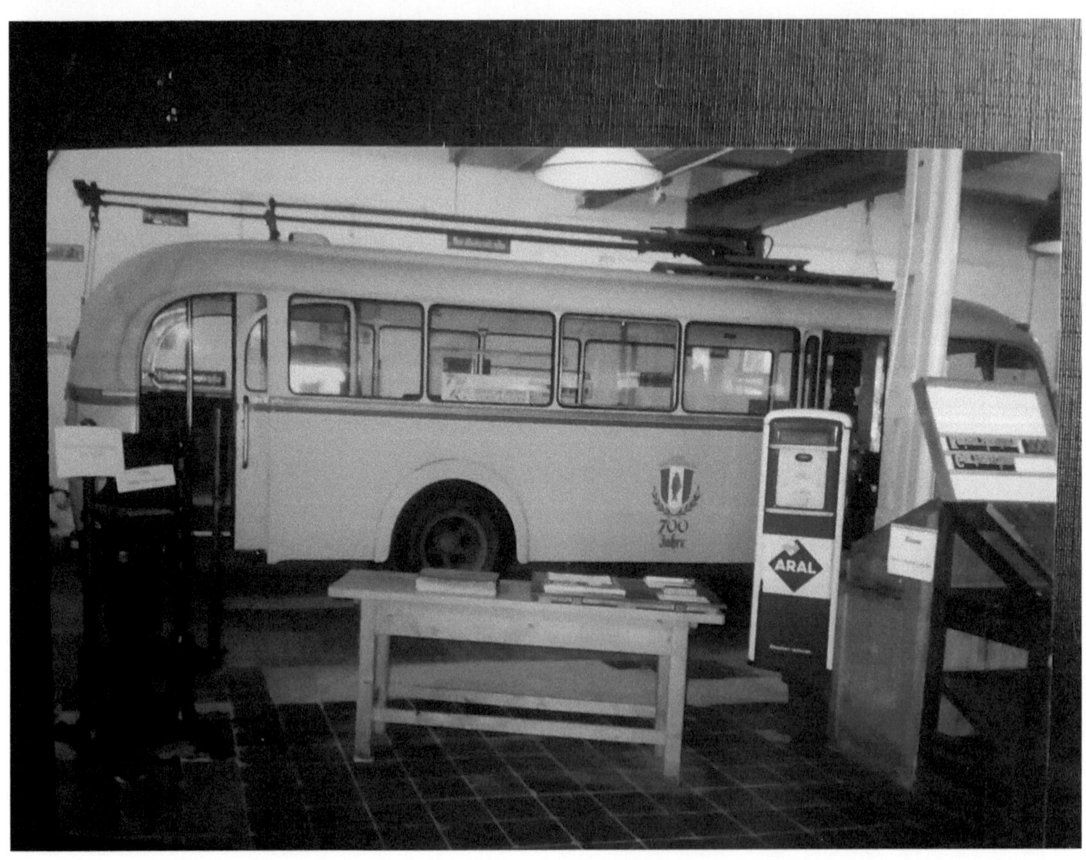

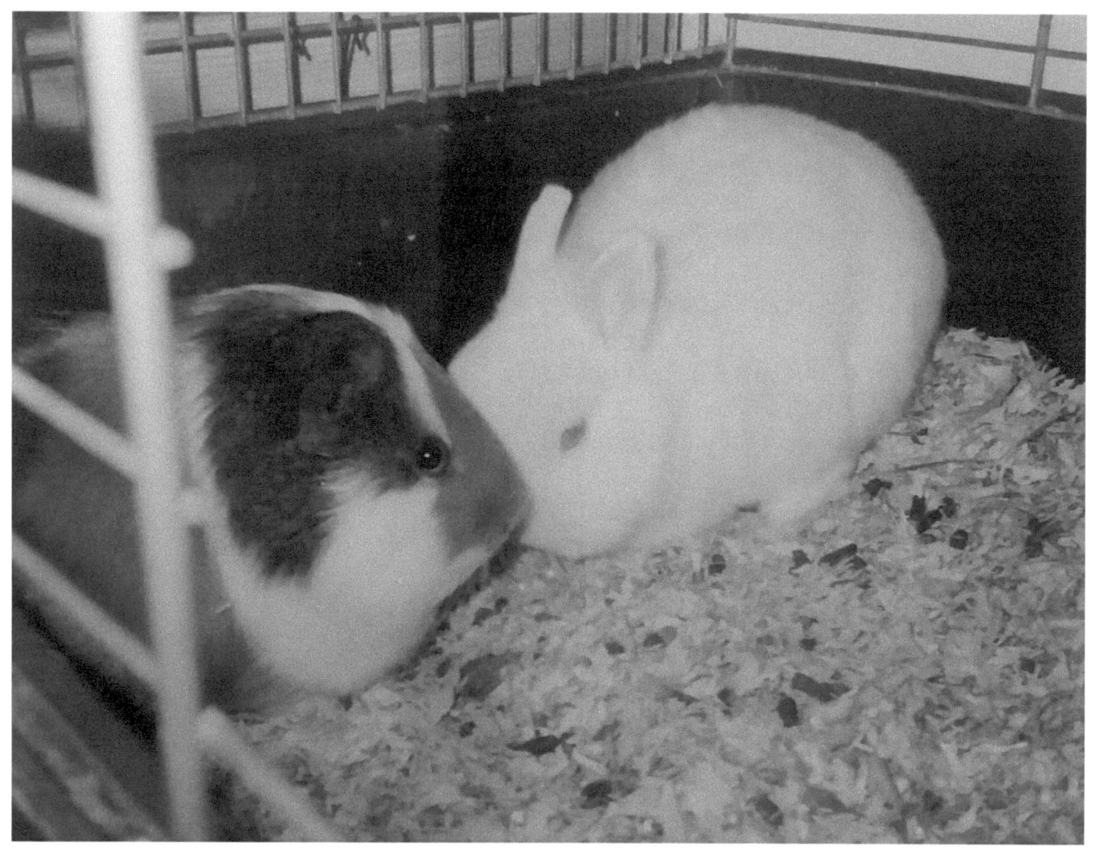

VERLORENE ZEIT? Vergessene Zeit? Ganz normales Leben?

Ich durfte es erleben? Auch wenn's scheiße war? Oder doch geil?

Durch meine zweite Geburt hab ich mein neues Leben!

Bei diesen vielen Fotos ist alles aus dem ersten Leben...

(Nur 1 Foto ist von 2024, mein 2. Leben seit 2017)

Durch die Fotos sind bei mir Erinnerungen, Zeitoasen, Zeitgeister,

Bestätigungen wegen dem 1. Leben... Eltern, Großvater,

meine ehemalige Verlobte, Opa/Oma, mein Cousin etc...

Bestätigungen wegen dem 1. Leben wegen dem "Hobbie" mit

Weinschorle - der "Rest" ist ja nicht da mit diesen Fotos...

Ich war davor! Im 2. Leben bin ich danach mit meiner Reinheit,

Freiheit, positiven Energien, Entwicklungen, Fortschritte!

Mit mehr Selbstvertrauen, Stärke, Vernunft, Souveränität!

Wenn ich Fotos sehe aus den 1980ern... Wie ich gut aussehe...

Nun, es ist klar, damals (mit der Gitarre) war ich ca 22 oder 23,

Heute, am 9. August 2024, bin ich 64... Natürlich bin ich anders.

Auch durch den 2017er Schlaganfall!

Irgendwie schon: vergessene Zet, verlorene Zeit...

Das "Foto-Haus" (oft dabei) wurde verkauft, Vater spielt Skat im

Himmel mit Heinz Rühmann und Milva... Mutter wohnt in

Fuerteventura und ich bin im Paradies SÜW (Annweiler etc).

Und natürlich meine positiven Pläne und Ziele, denn ich lebe!

Ist auch klar: durch meine schöne Lifememories davor mit zB

Globetrotter-Tour 1986, Mannheim 1983, Rodenbach 1976,

Schwedelbach 1973, Referat Kultur 2010, AnnweilerUmzug 2015...

Bei meinen Büchern ist dieses und vieles anderes dabei...

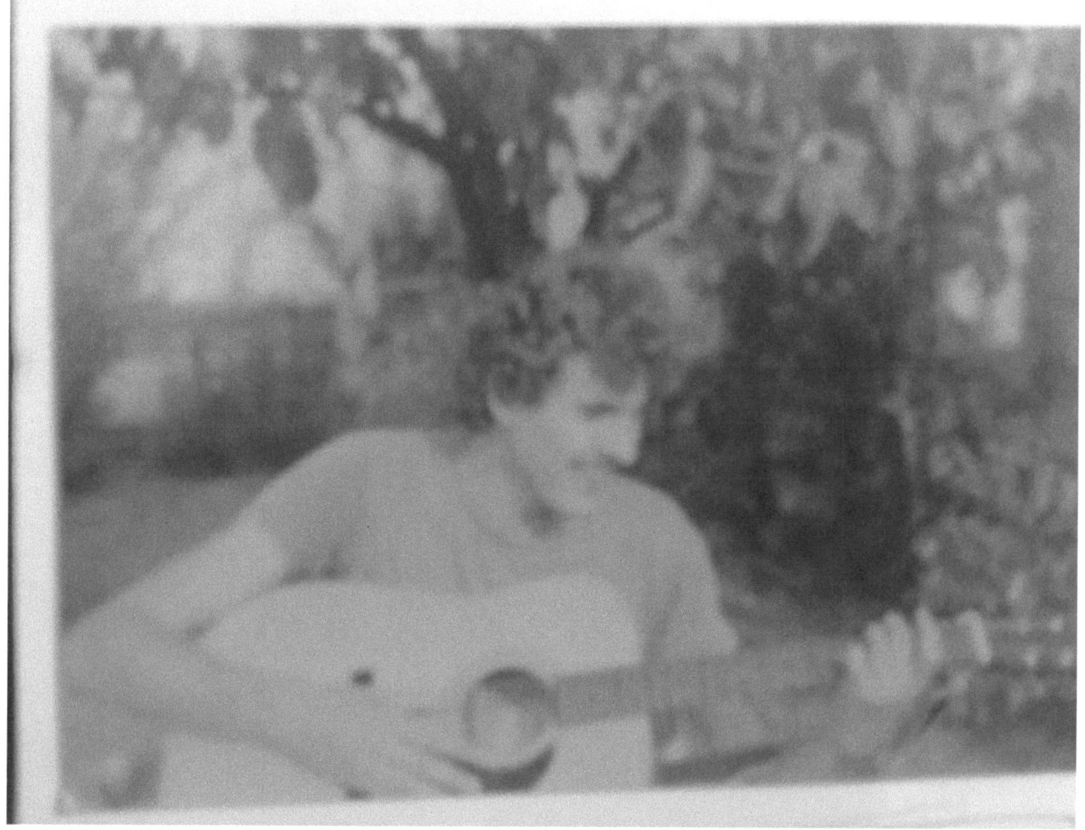

Gerd Face Collage 9. August 2024! Plus moi Katzemäädsche! Von ca 1965 bis 2024!

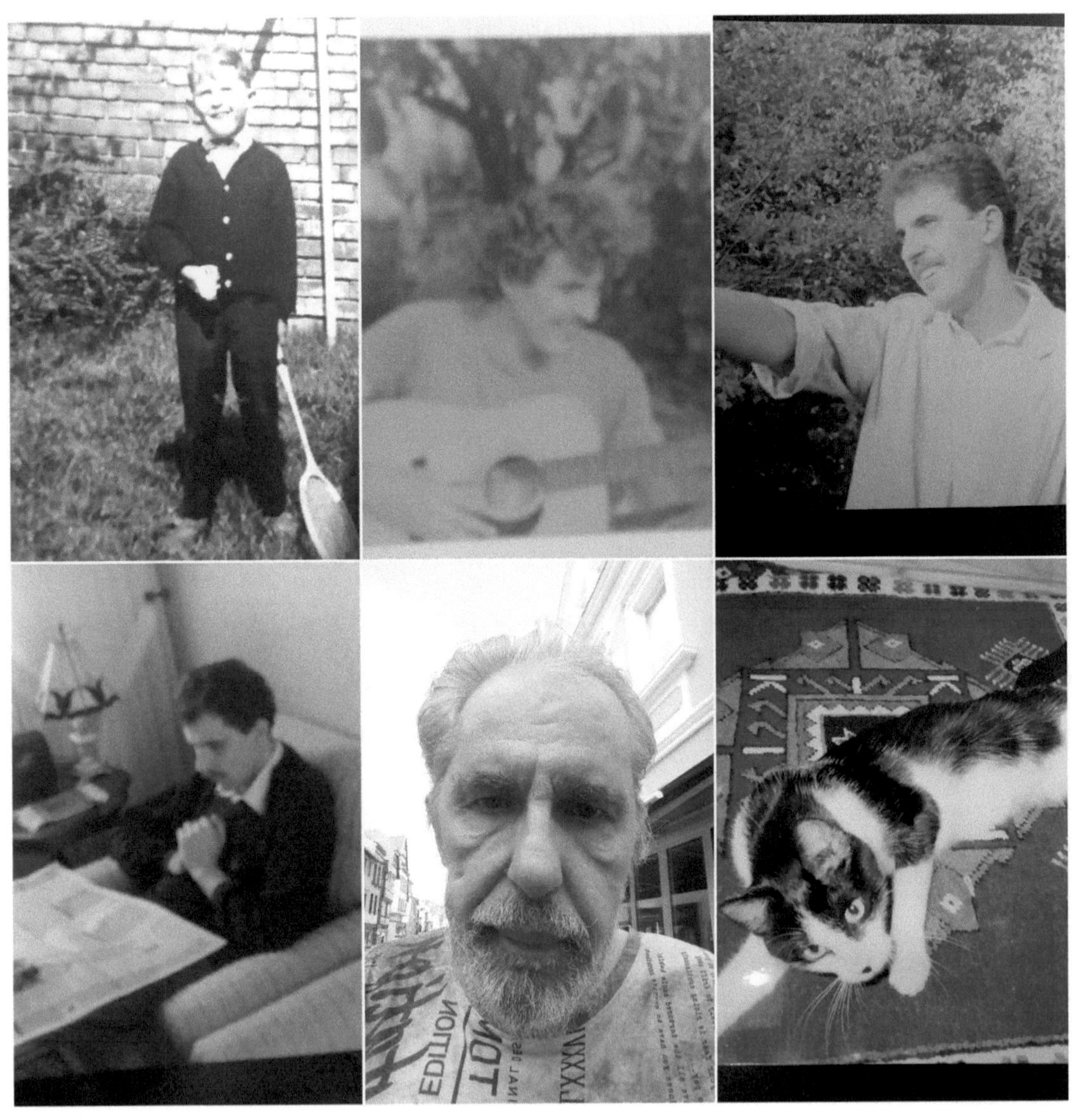

OMG! Ich hatte schon mal solche alte Fotos! Hatte aber manches "vergessen". Und nach
"100 Jahren" ist mein Großvater wieder da! Inkl 60er, SchwedelbachElternhaus, Opa/Oma,
Vater/Mutter, meine ehemalige Verlobte! Alles da in 20 Fotos!

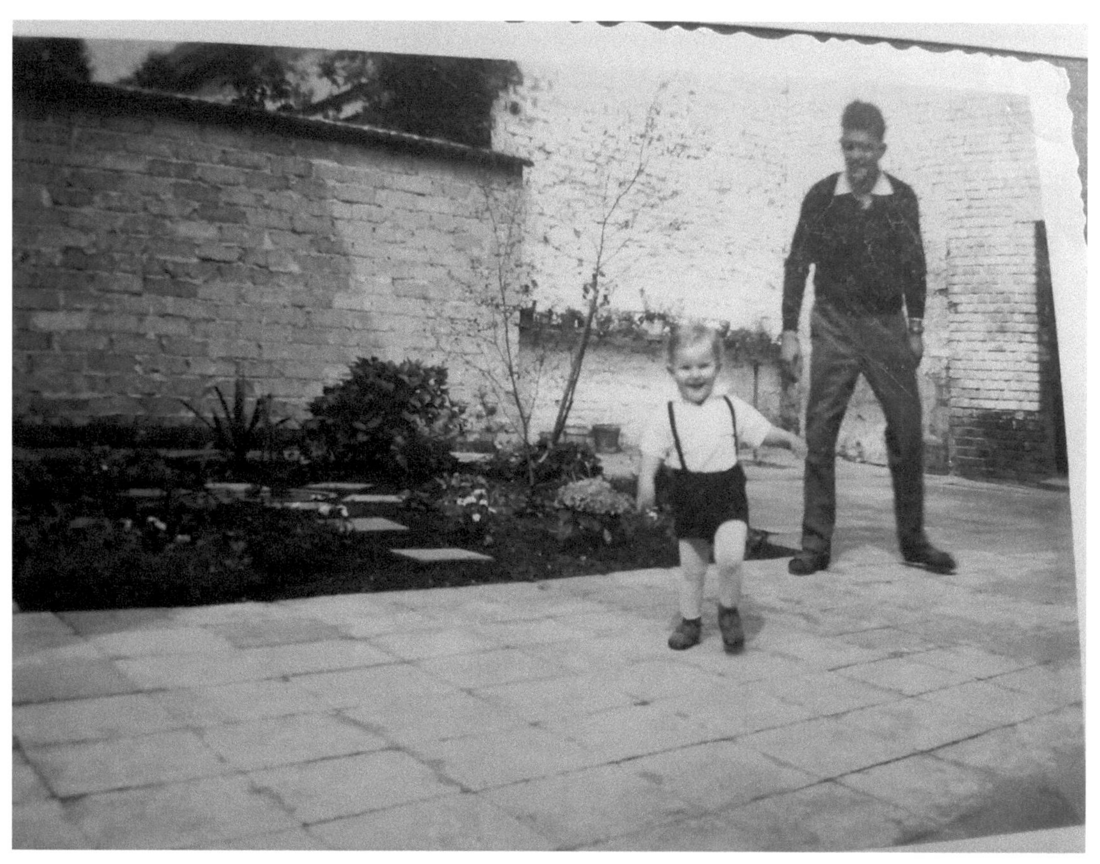

GEDANKENSHOTS

In facebook sind bei mir viele Katzenvideos

Da sind Menschensprachen aus China, USA, Germany...

Doch die Katzen haben immer die selbe Sprache: Miau!

Bitte bitte Futterchen, streicheln: Miau!

Mittlerweile wird es unheimlich bei facebook

Nach Wochen hatten 3 fb-Freundinnen sich umbenannt

Name anders, Profilfotos ohne Gesicht

Auch noch 2 aus meinem Wohnort - aber was ist da?!?

Meine positive Zukunft mit positiven Energien

Hab seit den letzten Tagen meinen neuen Lebensweg

Für meine Pläne, Ziele, Lösungen, Ideen, Anregungen

Mit Lebensfreude, Sicherheit, Vernunft, Souveränität

Um Mitternacht hab ich die größten Kreativitäten (my words)

Morgens vorm Aufstehen Memories-Gedankenshots

Heute Morgen zB urplötzlich über eine D.P. ca 1982

Warum? Weiß ich nicht, iss halt so...

C P Gerd Steinkoenig 4. August 2024

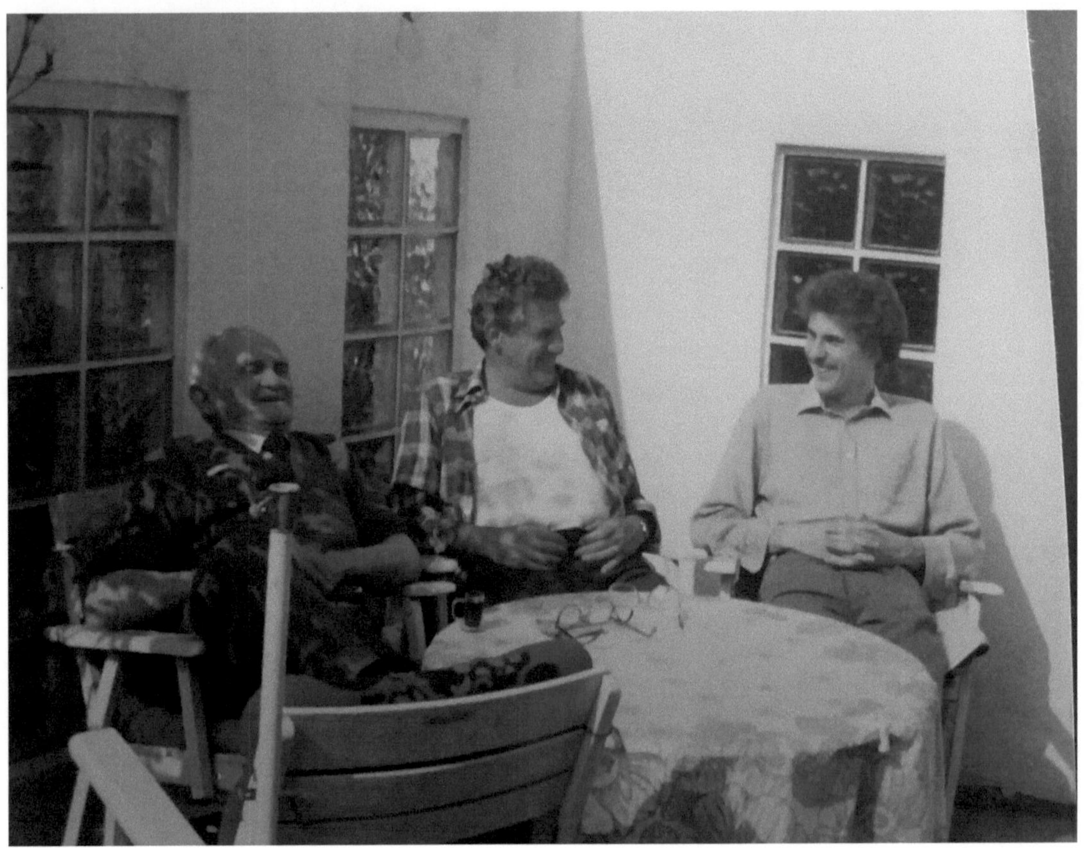

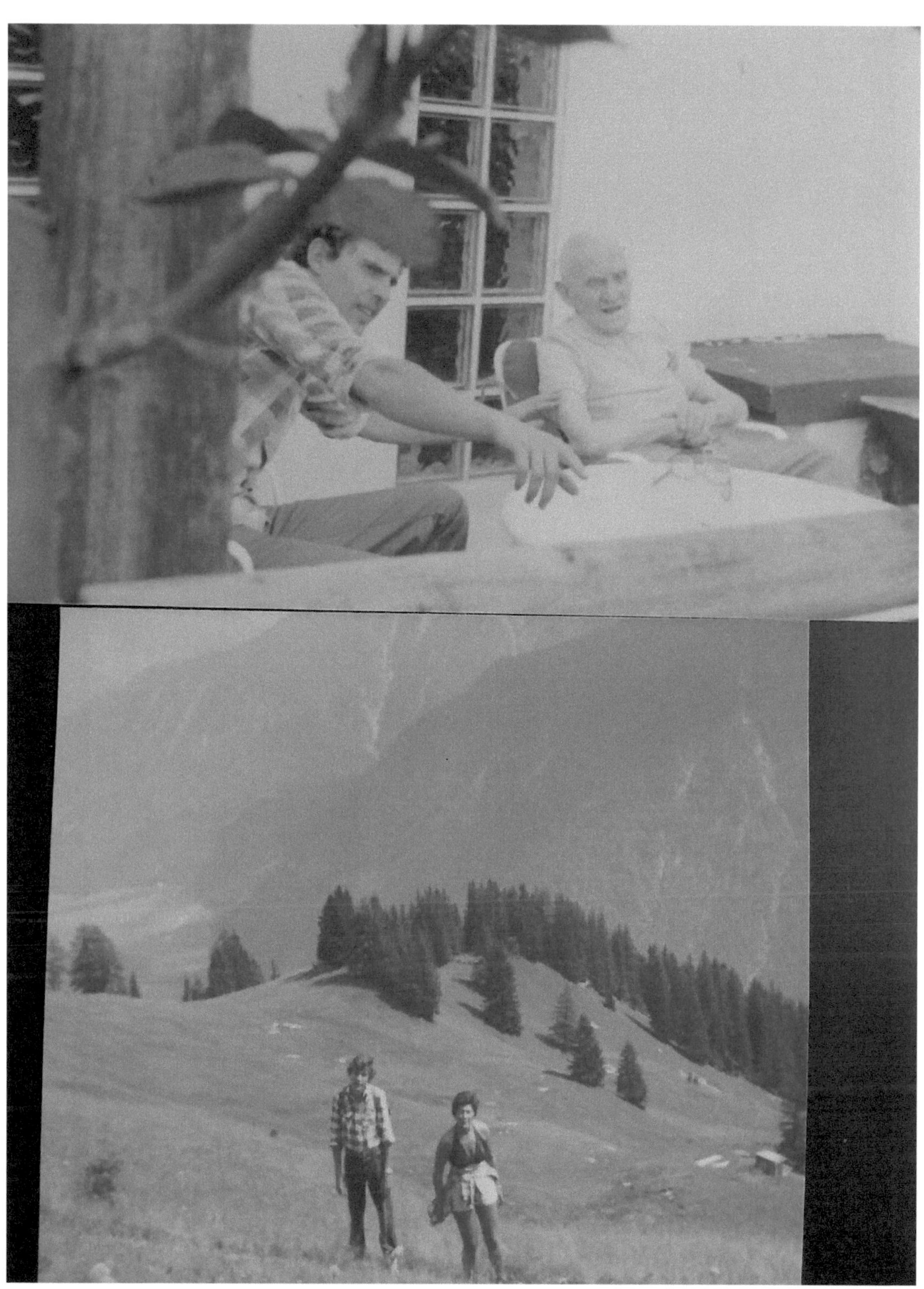

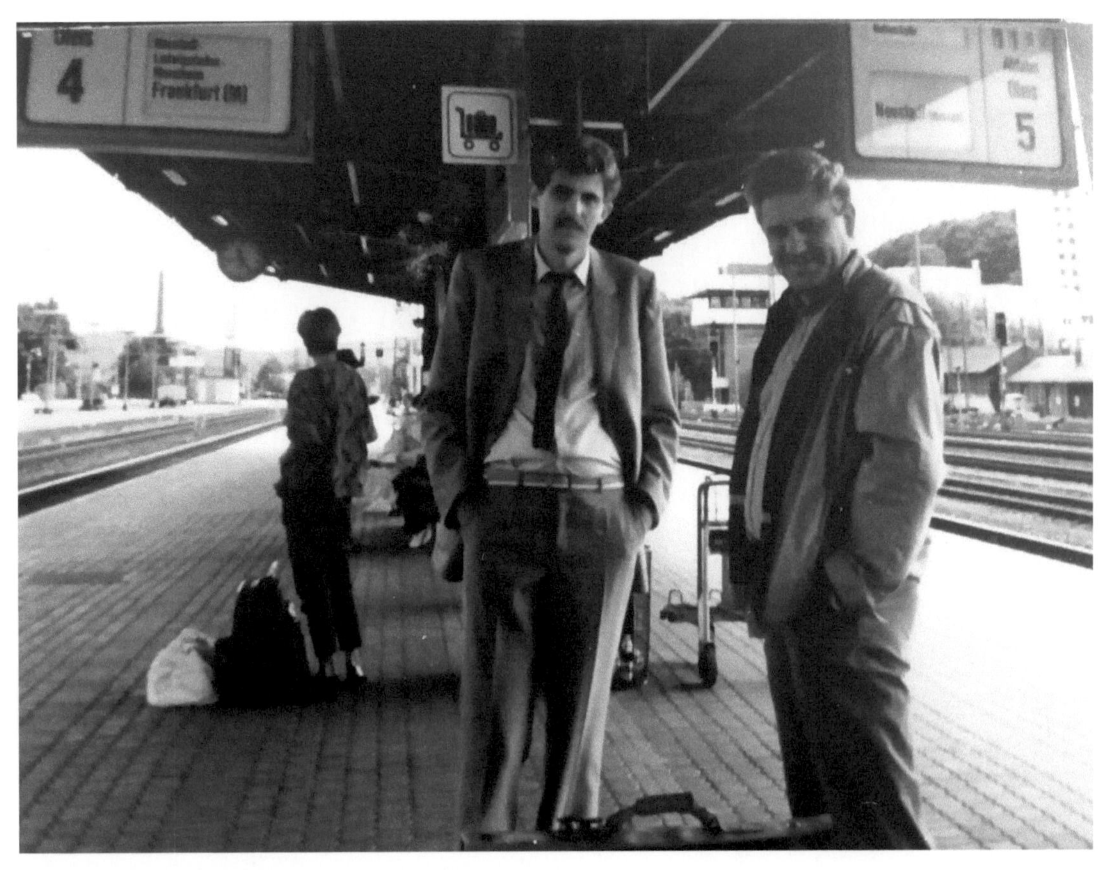

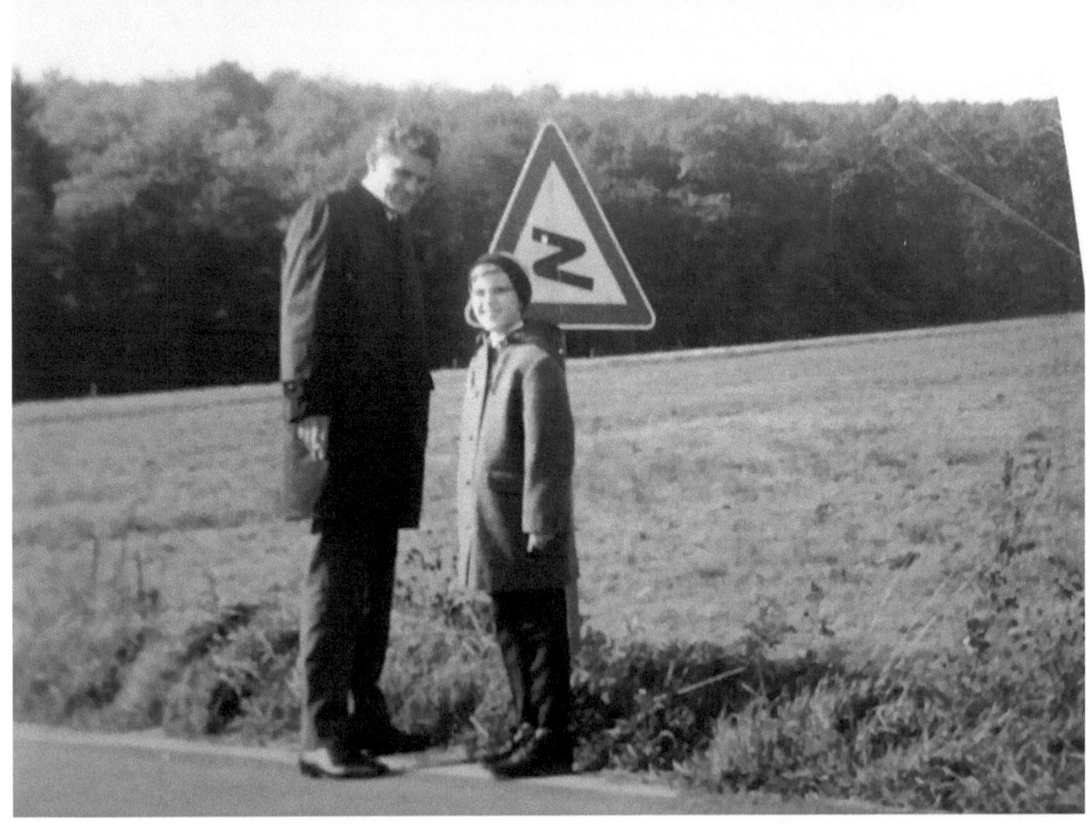

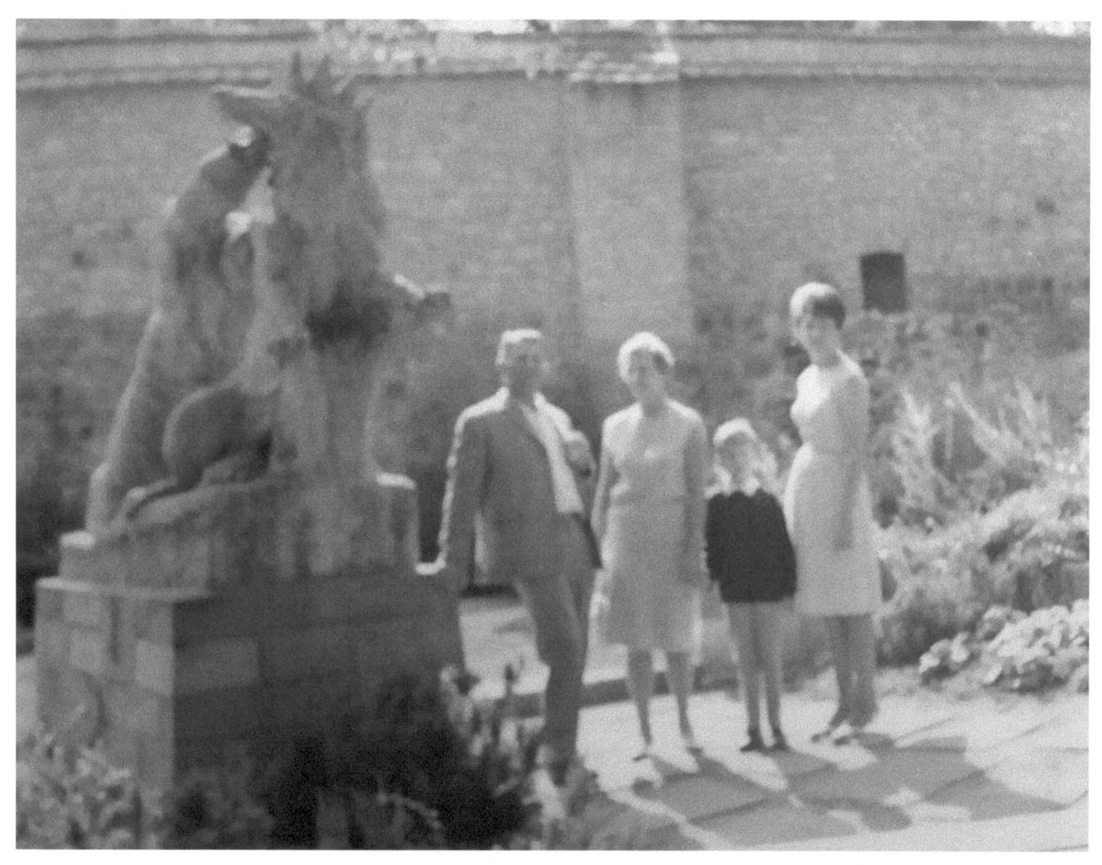

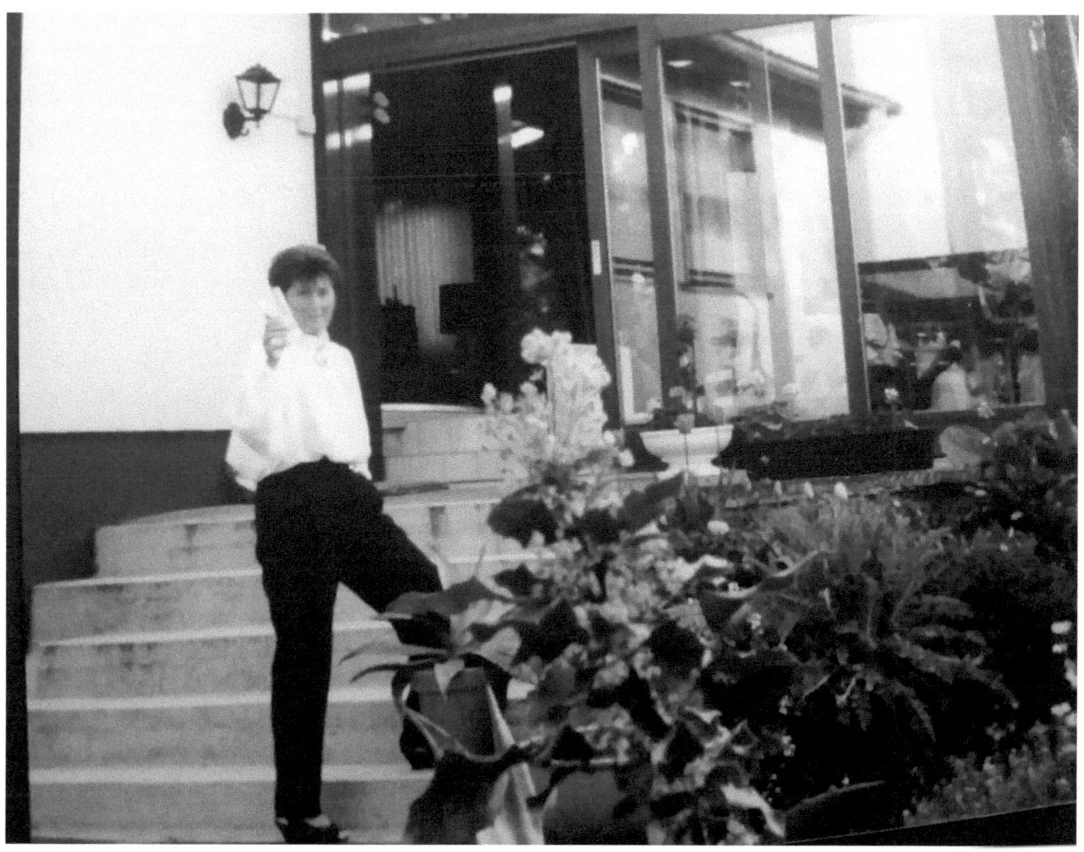

WEITERE Fotos.... Und wie geschrieben: nur eine Auswahl...

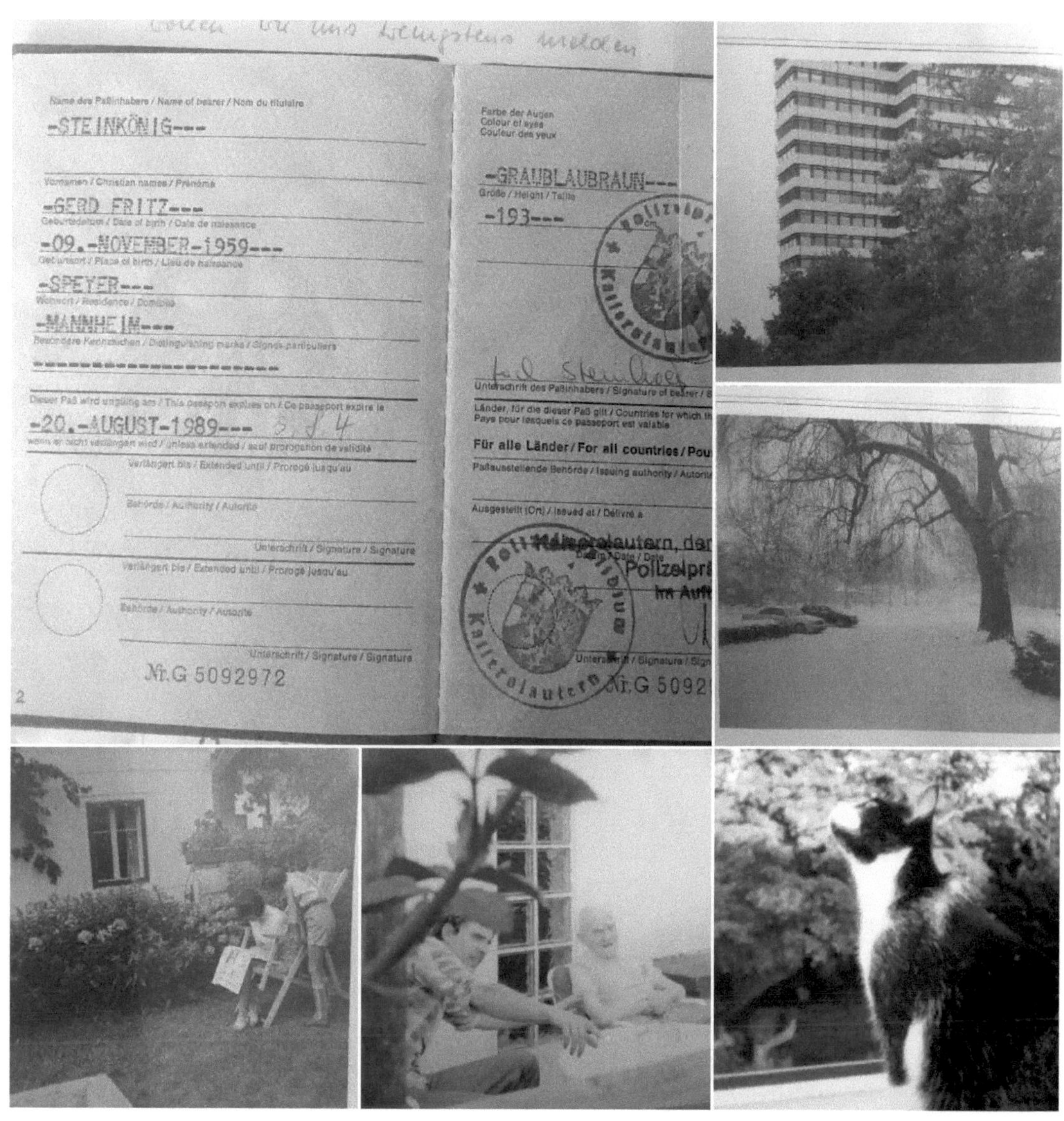

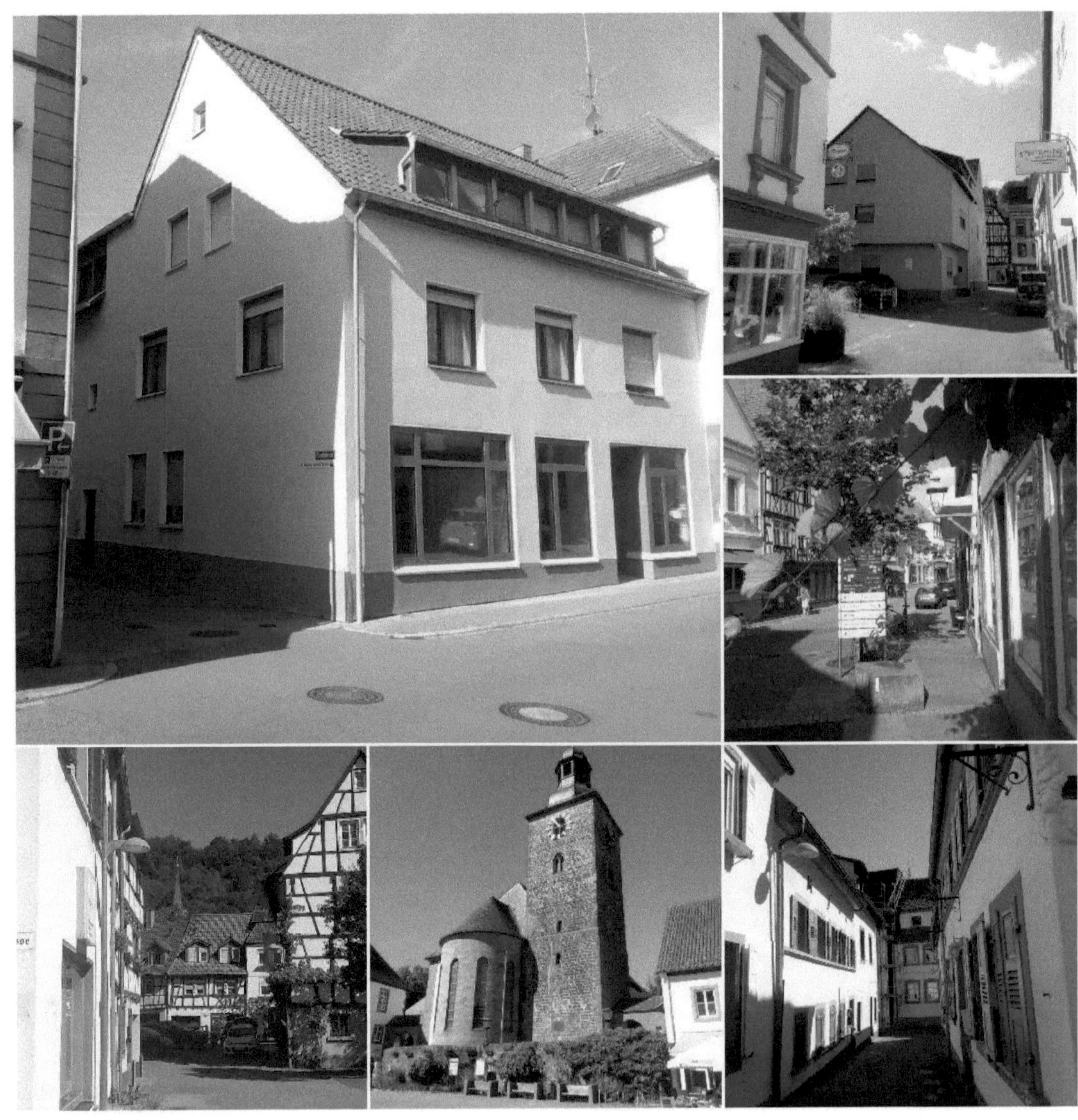

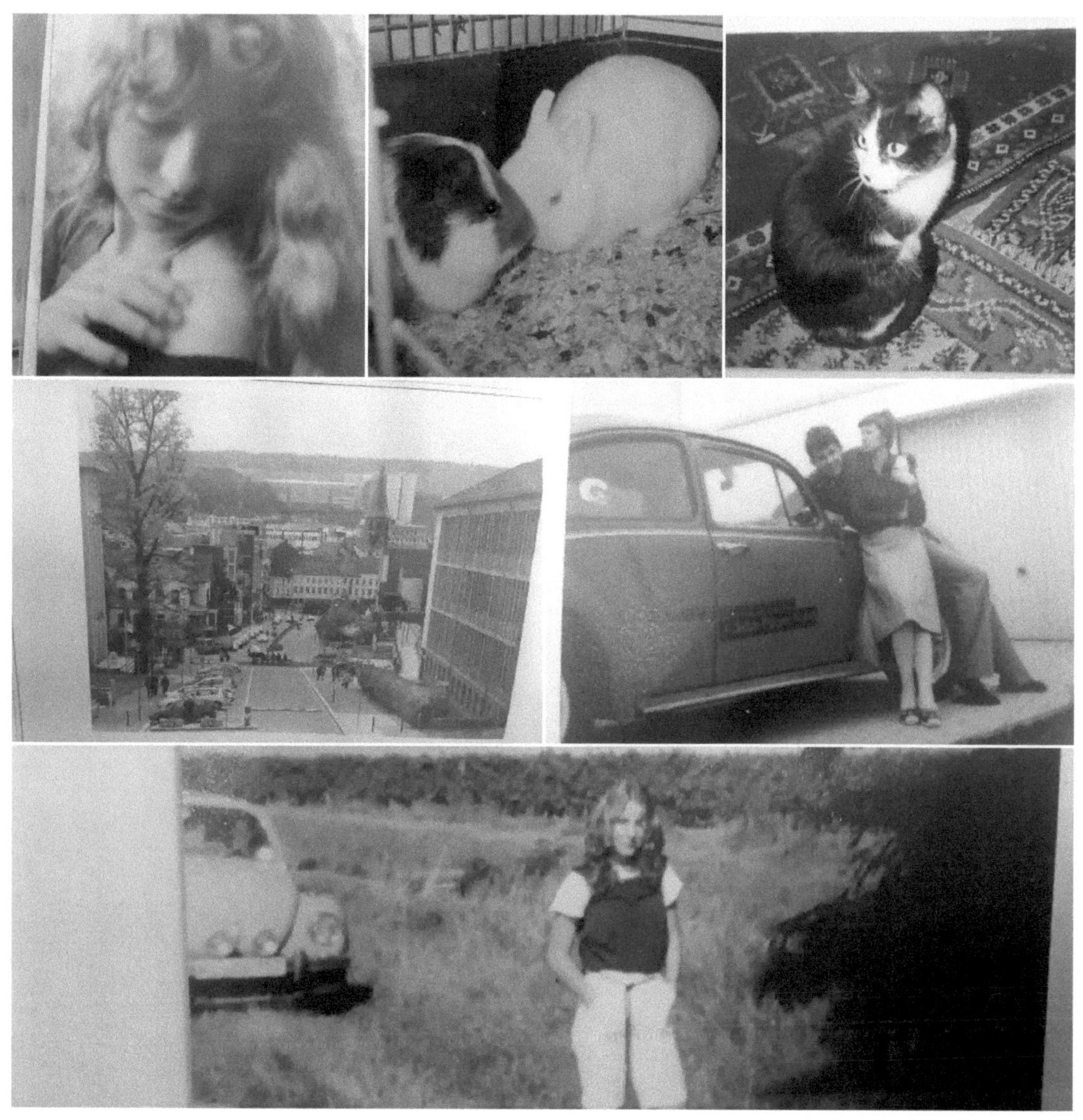

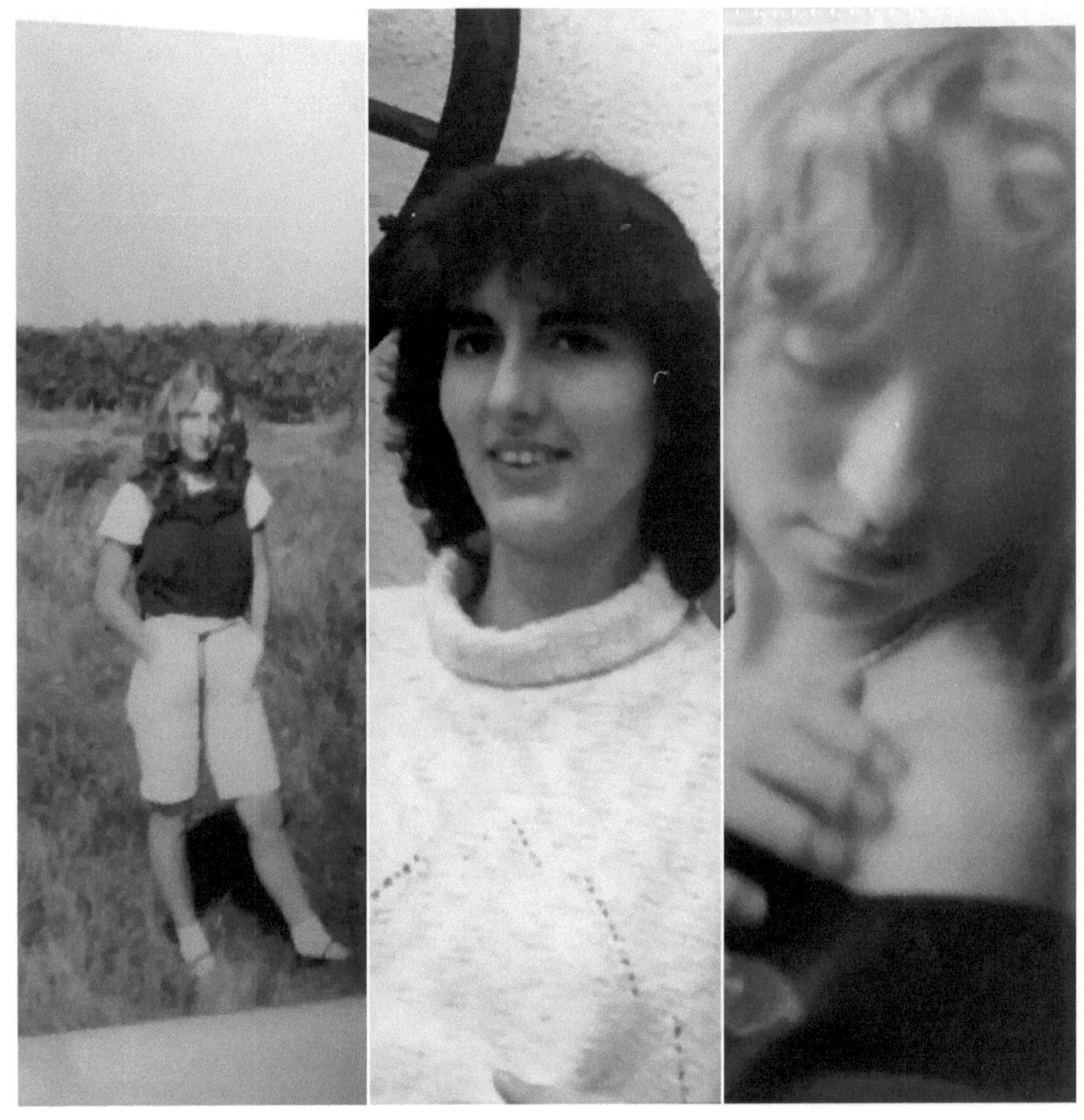

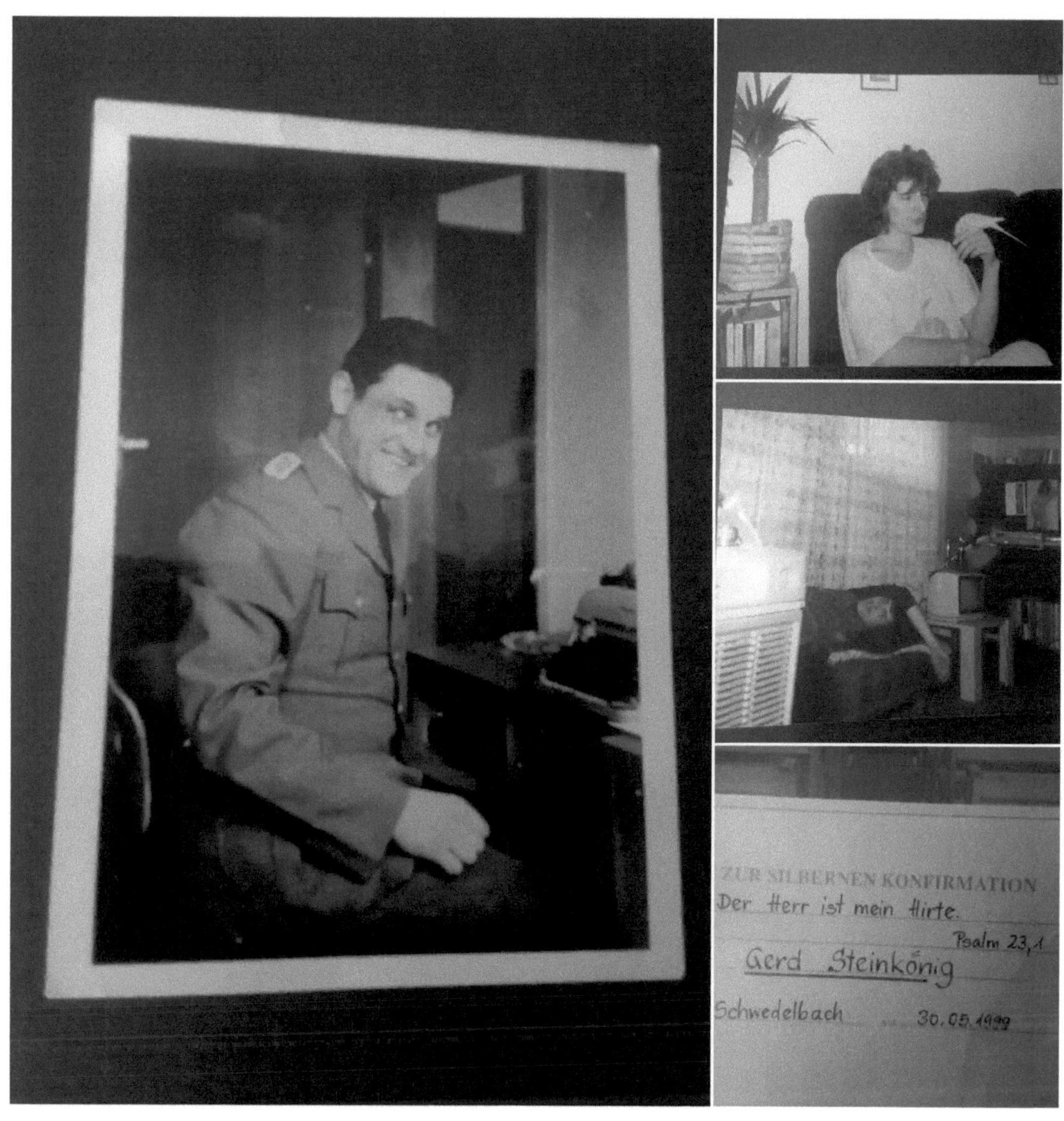

Weitere Fotos...

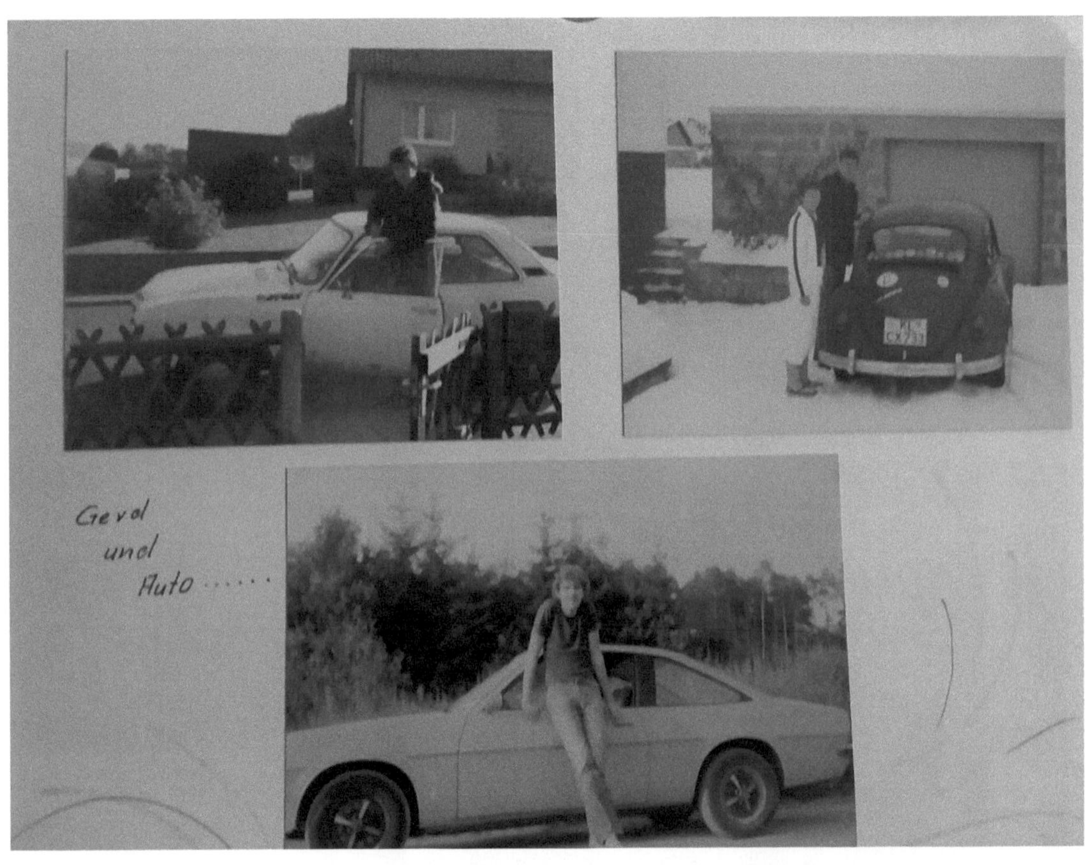

Gevd
und
Auto ......

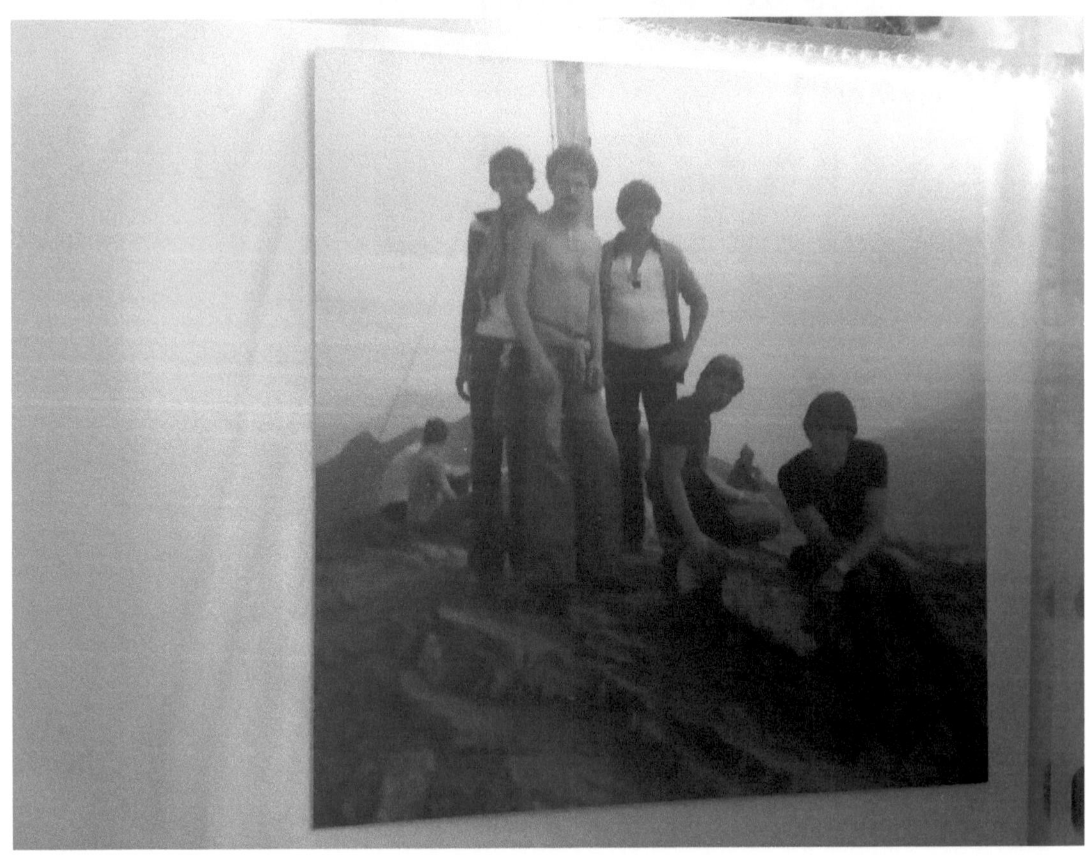

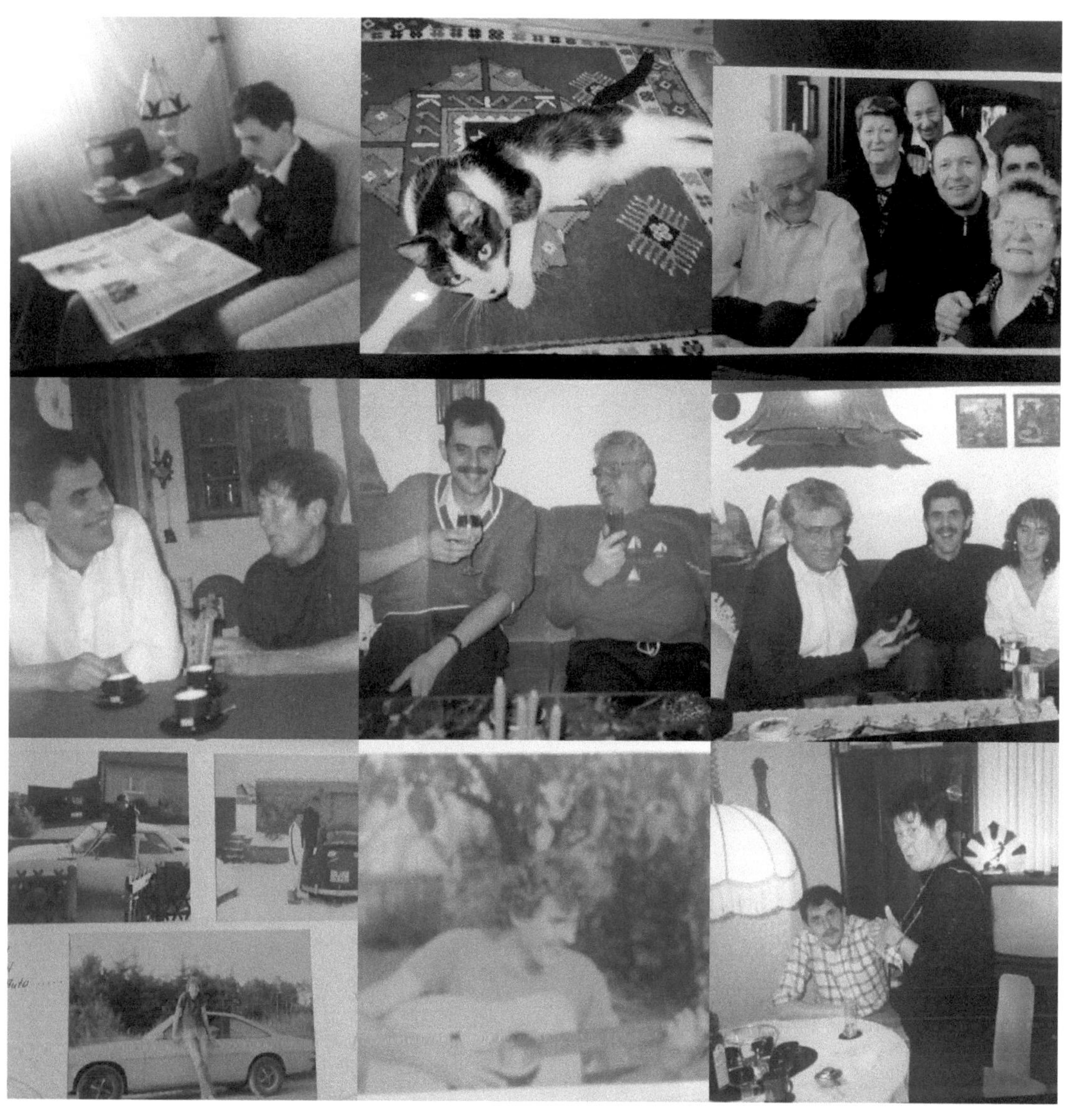

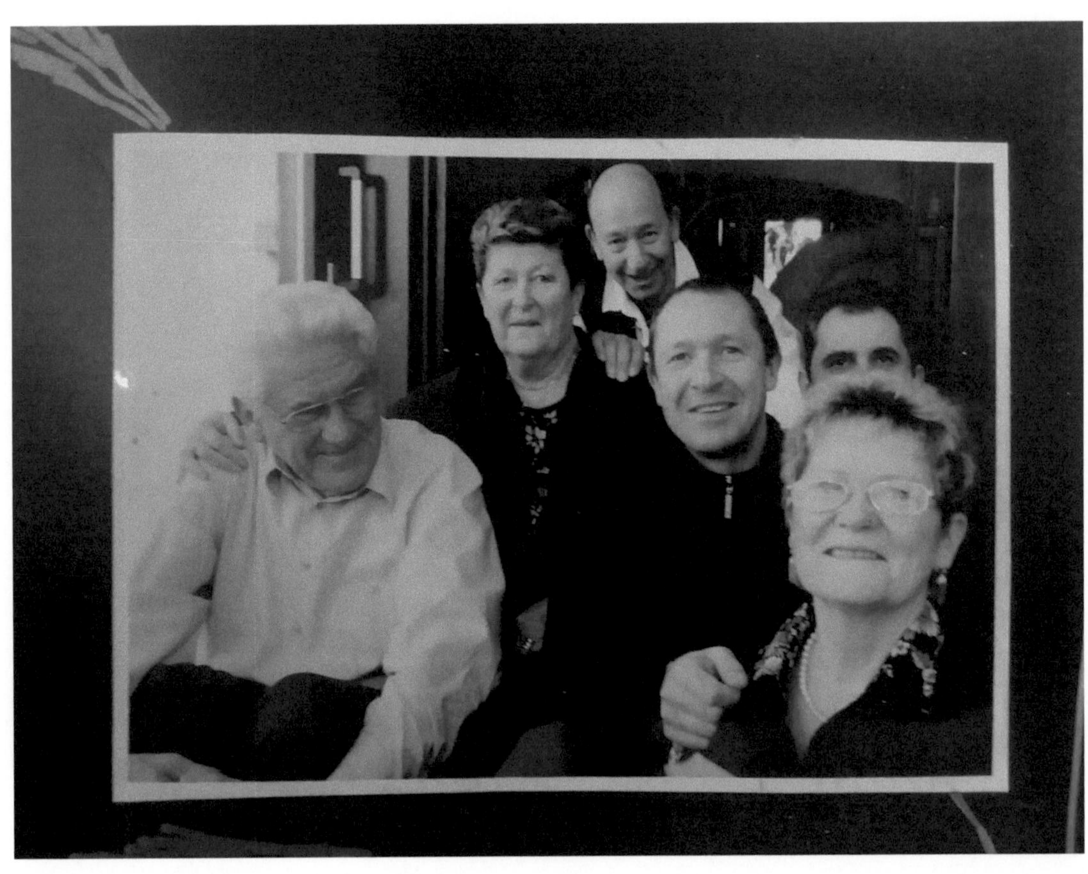

ZEIT IST RELATIV...

In den 1970ern und 1980ern waren die Jahrzehnte "ewig"

In den 80ern war alles in diversesten Erlebnissen

1972 waren die Olympischen Spiele in München (Westgermany)

Man dachte, irgendwann sind wieder Deutsche Olympische Spiele

Zig mal kam nix wegen der deutschen Bevölkerung

Es könnte tatsächlich sein, das 2040 Deutsche Olympia-Spiele wären

Und ich dachte aufeinmal: uff, 2040 wäre Ich ja 80!!

Und es wären nur 16 Jahre bis 2040

Zeit ist relativ...

Natürlich hab ich immer meine Pläne und Ziele

Nur ich weiß nicht, was 2027, 2033, 2040 ist

Deutsche Gesellschaft, Deutsche Regierung, Deutsche Zukunft

Ich brauche meine freie Individualität mit Sicherheit, Reinheit

Was sagt meine Zukunft? Meine Ehre ohne evtl Pflegeheim!

Am Besten wie mein Lieblingsverwandter Großvater

Er war bis 90 in seiner eigenen Wohnung - wäre mein bestes Ziel

Außerdem: es sind alles Lebensprüfungen, ich bin gespannt

Zeit ist relativ...

C P Gerd Steinkoenig 12. August 2024

Foto: Gerd Steinkoenig (Nähe KL)

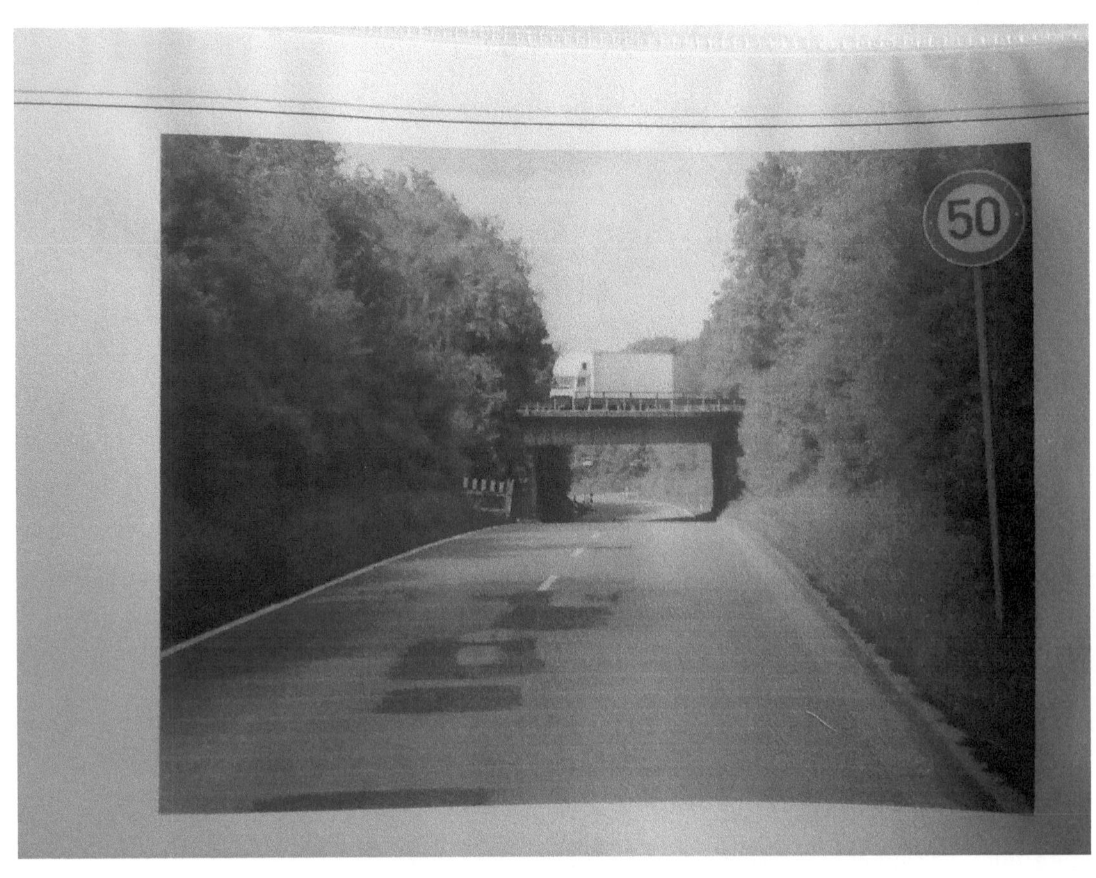